„Wer das All erkennt, sich selbst
aber verfehlt, verfehlt alles"

Zitat aus LOGION 67, S. 157
Apokryphes Evangelium nach Thomas von Yves Leloud

Ich bedanke mich sehr herzlich
bei meiner Tochter Angelika
und meinem Bruder Gert
für das Lektorat und
die Gestaltung

"OBEN WIE UNTEN"

ist Vielfalt, Klang und Farbe

„Wer das All erkennt,
sich selbst aber verfehlt, verfehlt alles"

Sieglinde Traute Maria Roskaritz

Softcover   978-3-384-19349-0
E-Book   978-3-384-19350-6

Druck und Distribution im Auftrag der Autorin:
tredition GmbH, Heinz-Beusen-Stieg 5,
22926 Ahrensburg, Deutschland

Inhalt

Vorwort

Heute scheint keine Sonne, man geht nicht in den Garten, so sitze ich in meinem Zimmer und schreibe. Ich bin schon älter, aber es geht mir gut, trotz vieler Gebrechen. Denn mein Kopf ist klar, ich erinnere mich sehr gut an alles, was ich gelesen, gelernt und erlebt habe. Und ich kann mich über das aktuelle Geschehen in der Welt informieren, kann darüber nachdenken und das Neue in mein Weltbild einordnen. Denn ich hatte in den letzten Jahren viel Zeit zum Überlegen.

Da kommt mein jüngster Sohn zu Besuch.

„Mama, was schreibst Du da?" fragt er mich.

„Ich schreibe meine Gedanken für Dich und unsere Familie auf. Was meinst Du, würde das auch andere Menschen interessieren?"

„Ja, das könnte schon sein!", antwortete mein Sohn nachdenklich. „Wahrscheinlich gibt es wirklich viele, die sich wie Du mit dem Zustand unserer Welt, den vielen Krisen und ungelösten Problemen befassen, sich nicht mit den vielen Missständen abfinden wollen, und die deshalb nach Antworten auf die vielen offenen Fragen von heute suchen. Deshalb finde ich es auch wichtig, dass Du Deine Gedanken aufschreibst. Denn das Geschriebene wird seinen eigenen Weg gehen und Menschen finden, die für sich etwas daraus machen. Auch wenn Du damit nur kleine Anregungen geben kannst, vielleicht eine interessante Information oder einen Denkanstoß - auch einfache Dinge können hilfreich sein."

Dann fragt mein Sohn:

„Worüber hast Du denn gerade geschrieben?"

Ich antwortete ihm:

„Ich las gerade in der Zeitung einen Artikel über das „Osterfestival PSALM". Das ist sehr interessant! Schade, dass ich nicht hingehen und hören und sehen kann, was dort geboten wird."

Also nahm ich das Handy und las, dass das Programm des Grazer Osterfestivals 2022 mit einer bemerkenswerten Aktion verknüpft wurde. Es wurden dafür sieben der 17 Ziele der „AGENDA 2030" - dem Aktionsplan der United Nations zur Nachhaltigen Entwicklung aus dem Jahr 2015 - ausgewählt: Armut und Hunger beenden, Ungleichheiten bekämpfen, Selbstbestimmung der Menschen stärken, Geschlechtergerechtigkeit, ein gutes und gesundes Leben für alle sichern, Wohlstand für alle fördern und die Lebensweise weltweit nachhaltig gestalten. Diese sieben Ziele wurden von den Musikern in Musik umgesetzt.

Das ist eine interessante Idee. Aber was wurde von diesen Zielen der „AGENDA 2030" weltweit bisher erreicht? Es gibt Krieg in der Ukraine, in Asien und Afrika und viel Hunger in der halben Welt! Dazu schrieb Univ. Prof. Franz Mascher im Jahr 2020 auch das „Manifest gegen Macht und Gier" und Reinhard P. Gruber meinte vor Kurzem: *Die Welt ist auf Wirtschaftlichkeit bis zur Selbstzerstörung programmiert.*"

„Ja, aber andererseits gibt es auch viele Millionen Menschen auf der Welt, die Gutes getan haben, halfen und helfen. Sehr, sehr viele gute Menschen."

„Es müssen aber noch viele mehr werden! Denn nicht nur die sieben - alle Ziele der „AGENDA 2030" sind wichtig. Die Menschheit wird diese Ziele jedoch nur dann erreichen können, wenn möglichst viele sich wieder rückbesinnen - auf unsere geistige Existenz und auf unsere Fähigkeit, auch das, was wir nicht sehen können, spirituell zu begreifen!"

„Du hast ja vollkommen recht!", sagte mein Sohn resigniert.

„Aber was kann ein Einzelner schon zur Erreichung dieser Ziele beitragen?"

Nachdem er gegangen war, dachte ich noch lange über dieses Gespräch nach.

Es gibt nur wenige Menschen auf unserer Erde, die Macht besitzen. Sie besprechen und planen Vieles, aber im Großen ändert sich nichts. Und viele der Mächtigen wollen gar nicht Frieden, sie wollen Kriege und Vernichtung, weil das den Absatz von Produkten fördert, die Wirtschaft ankurbelt und ihnen noch mehr Geld bringt. Sie wollen Ressourcen, wie Land und Bodenschätze oder Ölfelder kontrollieren. Auch Information wurde inzwischen zum Instrument der Macht. Künstliche Intelligenz beeinflusst die Menschen, macht sie bequemer und verhindert das schöpferische Suchen nach Lösungen der ständig wachsenden Probleme unserer Welt.

Die Menschen aber leiden und trösten sich mit Konsum von Unnötigem, das ihnen die Werbung einredet, ihnen oft nichts bringt, sondern leider auch oft Schaden der Umwelt zufügt!

Einmal hörte ich eine Frau in einem Interview sagen: *„Wir überkonsumieren!"* Das fängt schon bei den Kindern an! Weniger wäre mehr! Die Konsumgesellschaft kauft – aber sie gebraucht kaum. Sie kauft – und wirft weg. Selten denkt man dabei daran, dass die halbe Welt unter Hunger und Armut leidet.

Viele fragen sich zum Beispiel, weshalb Unsummen an Arbeitskraft, Zeit und Geld in die Weltraumforschung investiert werden, obwohl man dort für unsere Probleme auf der Erde bisher noch keine Lösungen gefunden hat!

Was ist es, das den Menschen umtreibt? Univ. Prof. Franz Mascher beschreibt in seinem Buch „Manifest gegen Macht und Gier" diese Entwicklungen und ihre Gefahren für die Menschheit.

Einen Ausweg zeigt J. Henry Allemann auf: „*Nur wenige sind imstande, die Welt wahrhaftig zu genießen - meist sind es die, die mit der unsichtbaren Welt beginnen!*"

Sieglinde Traute Maria Roskaritz
Graz, am 5. Februar 2025

Rückbesinnung auf unsere spirituelle Existenz

Frau Prof. Ille Gebeshuber schrieb, sie dächte *„es wird in naher Zukunft eine geistige Innovation kommen."* Zitat: *„Obwohl ich an einer technischen Uni sitze, glaube ich, dass wir Technologien überschätzen und die Menschen unterschätzen. Wir haben jetzt ein Zeitalter hinter uns, in dem Technologien exponentiell gewachsen sind - aber das ist im Abflauen. Es gibt bei vielen Produkten nur noch inkrementelle Entwicklungen, keine sprunghaften Innovationen mehr. Ich glaube, dass sich Zeitalter der Innovation im technischen und im geistigen Bereich abwechseln. Jetzt, wo sich die technische Entwicklung verlangsamt, werden wir im geistigen Bereich eine neue Art zu denken, also geistige Innovationen, erleben."*

Dr. Mathias Strolz sagte: *„Ich halte die Menschen für außerzeitliche Wesen, die mit der Ankunft auf diesem Planeten in einen vergänglichen Körper schlüpfen. Damit binden wir uns für die Dauer unseres irdischen Daseins in Raum und Zeit. Unser Wahrnehmungsapparat und Denken verschleiern unseren Blick in die Unendlichkeit und auf das kosmische Ganze."*

David Steindl Rast OSB (Orden des heiligen Benedikt) veröffentlichte das Buch: „Orientierung finden". Auf Seite 140 steht der Satz: *„Geist ist eine ohne Materie wirkende Kraft und Wirklichkeit."* Albert Einstein definierte so: *„Wenn das Wort Geist uns in Erinnerung bringt, dass es eine eigenständige, nicht materielle Wirklichkeit gibt, dann hat es seine Pflicht getan."*

Aus solchen Erkenntnissen hochgebildeter Menschen habe ich viel gelernt. Sie gaben mir den Mut, das Folgende zu schreiben. Auch wenn manche Menschen anderer Meinung über das Göttliche in uns sind - irgendwann denken alle über das WOHER und WOHIN nach, und WER wir sind.

Ich hatte einmal eine Art Traum. Da war der Himmel wie ein riesiges Tuch gespannt und viele, viele Leute zogen an einem Zipfel. Jeder hatte nur ein kleines Stück in der Hand, sie konnten nur das Tuch fühlen, aber niemand konnte den großen Himmel weiter zu sich herunterbringen.

Ich las im apokryphen Evangelium nach Thomas von Monika Petty, Logion 2: *„Wer sucht, soll nicht aufhören zu suchen, bis er findet, und wenn er findet, wird er erschrocken, verwundert und erstaunt sein, und er wird wie ein König sein über das All.''*

Also ist es gut, zu suchen! Jeder Suchende findet langsam, was wir Menschen sein könnten oder wozu wir Menschen hier sind. Würden wir uns besinnen auf unseren geistigen Ursprung, würde die Entwicklung der Menschheit besser weitergehen, sodass wir alle friedlicher und gesünder leben könnten. Freilich bleiben Licht und Schatten und die Freiheit für alle, das zu tun, was er oder sie für gut hält.

Denkend „suchen, finden, staunen". Max Plank, Albert Einstein und Prof. Zeilinger sagten so wie viele andere: *„suchend fanden wir fantastische Mathematik und wir mussten s t a u n e n!"*

Gerechtigkeit für Frauen
und ihre Stellung in der Gesellschaft

Dass in den letzten 150 Jahren die Frauen versuchen, ihre volle Gleichberechtigung zu erreichen, ist wohl verständlich. Erst seit etwas mehr als 100 Jahren können in Österreich Mädchen das Abitur machen und dürfen studieren. In vielen anderen Ländern wird Frauen nach wie vor die Bildung verwehrt. Frauen können ebenso gut wie Männer komplexe geistige Zusammenhänge erkennen und beurteilen – sowie durch ihr besonderes Wesen nicht nur den Verstand, sondern auch das Herz sprechen lassen. Die vom Alten Testament geprägten Kulturen gehen davon aus, dass Adam klarer im Erkennen und sicherer im Beurteilen sei. Die biblische Schlange wusste genau, dass Adam nicht auf sie hören würde, deswegen wendete sie sich an Eva. Eva war zu neugierig, zu emotional und auch zu unwissend, um die Schlange als Verführerin zum Sündenfall zu erkennen. Auch heute noch gibt es sehr viele Evas, die die Schlange nicht erkennen - vielleicht sogar mehr Evas als jene Frauen, die in Männerberufen arbeiten wollen.

Wir Frauen sollten bei gleicher Leistung gleiche soziale Anerkennung bekommen - aber - Mann und Frau sind nicht gleich! Sie sollten zusammen entscheiden, sich gegenseitig ergänzen. Denn was ist die wichtigste Arbeit in der Welt? Die Frau hat die wichtigste Aufgabe inne: das Erziehen und Bilden der Kinder - das ist die Zukunft von uns allen. Bei Gleichberechtigung sollte für jede Frau die ganztägig arbeitet, ein gut ausgebildeter Mann in Bildung, Gesundheitswesen oder Pflege arbeiten, denn darin wird bald der größte Mangel bestehen.

Die Kirche war immer stark in der patriarchalischen Ordnung verwurzelt, wie es eben die Tradition Abrahams im jüdischen Volk war. Nur Männer durften lesen und lehren. Etwa 400 n.Chr. wurden nur vier der vielen Evangelien autorisiert. Warum?

In einigen der apokryphen (nicht autorisierten) Evangelien liest man: *„Männer sollen mehr wie Frauen werden, und Frauen mehr wie Männer."* Im apokryphen Thomas Evangelium von Monika Petty steht: *„Petrus gefiel das nicht und er sagte: Jesus, schicke die Frauen weg, damit wir unsere Fragen stellen."* Doch Jesus sagte: *„Jede Frau, die sich ein wenig männlich macht, wird wie ihr sein und in das Königreich kommen, sodass beide ein „Anthropos" sind.* Anthropos heißt richtig übersetzt Mensch, und meint damit jedes Kind Gottes, also Mann und Frau gleichermaßen.

So ungefähr sprach Jesus, denn das sind nur die überlieferten Worte. Wer weiß, wie sie genau gewesen sind? Das wurde vor ca. 1800 Jahren geschrieben - und erst jetzt sind wir langsam bereit, es zu verstehen, und ist daher wieder sehr aktuell.

Wir können im ersten Buch Moses, Vers 26 lesen: *„Lasst uns Menschen machen nach unserem Abbild, und einen Mann und eine Frau schuf er und sah, dass es gut war."* Im Brief von Paulus an die Galater Kap. 5:22 liest man, dass die sieben Gaben des Heiligen Geistes alle weiblichen Geschlechts sind: Die Liebe, die Freude, die Friedfertigkeit, die Langmut (die Geduld), die Güte, die Freundlichkeit (die Sanftmut), die Treue.

In Genesis, erstes Buch Moses 1:26, steht *„Nach uns und unserem Abbild schuf er einen Mann und eine Frau."* Wir sind ein

Abbild der Dreieinigkeit Gottes: Gott Vater, der uns erschaffen hat, der Heilige Geist, der alles Leben gibt, und Gottes Sohn, der uns erlöst hat.

Auch möchte ich sagen, dass nicht nur im apokryphen Evangelium des Thomas, sondern auch in den Evangelien des Johannes sowie des Philippus steht, dass der Heilige Geist die *„wahre Mutter ist"*. *„Sie ist nicht als weltliche Frau zu sehen, sondern als göttliche Frau, die uns mit Gott unser Leben schenkte."*

Gott Vater, Sohn und Heiliger Geist werden in der Kunst oft als drei bärtige Männer dargestellt. Allerdings gibt es auch Darstellungen, auf denen man die Dreieinigkeit als bärtigen Gott Vater, bartlosen jungen Gott Sohn und den Heiligen Geist als Frau sehen kann. Ein solches Dreifaltigkeitsfresko ist in der Kirche in Urschalling im Chiemgau/Deutschland (um 1390) zu bewundern, das diese Dreieinigkeit zweier Männer mit dem Heiligen Geist als Frau zeigt (Foto im Anhang).

Wir sehen auch, dass die Jungfrau Maria, die leibliche Mutter von Jesus, im Himmel erhöht und dort gekrönt wurde von der heiligen göttlichen Dreiheit. In der Darstellung der Krönung Mariens im Museum des Stiftes St. Paul im Lavanttal in Kärnten/Österrreich, lächelt links ein liebliches, weibliches Gesicht (Foto im Anhang). Man erinnere sich auch an die Worte Papst Johannes Paul I: *„Gott ist nicht nur Vater, viel mehr ist er auch Mutter"* (aus: Geistliche Impulse von Pater Pius Kirchgessner OFM Cap.).

Gedanken zum Wesen des Göttlichen und selten gehörte Zitate

Unser Wissen um die erstaunlichen geistigen Fähigkeiten unserer Vorfahren aus versunkenen Hochkulturen ist ziemlich jung und noch sehr lückenhaft. Wir schauen heute erst auf eine kurze Strecke des langen Weges unserer Vorfahren zurück. Deshalb meinen manche, unsere Generation strebe gerade erst dem Höhepunkt der menschlichen Entwicklung entgegen. Seit der Kolonialzeit betrachten wir Europäer fremde und ältere Kulturen allzu oft mit einer recht naiven Geringschätzung. Denn im Zeitalter der Technik wurde alles, was nicht direkt wahrnehmbar oder physikalisch messbar ist, gerne als Aberglaube oder unwissenschaftlicher Humbug beiseitegeschoben. Daher geriet so manches Wissen, das sich unsere Ahnen im Laufe der Jahrtausende angeeignet hatten, in Vergessenheit. Viel Macht erwarten sich viele Länder von der Raumfahrt und investieren viel Zeit und Arbeit dafür. Doch versuchen wir es wie früher – nicht mit Raketen, sondern denkend.

Viele Wissenschaftler und Philosophen, wie Einstein, Planck oder Zeilinger sagten, dass sie staunen mussten. Beim Suchen haben sie unglaublich schöne Mathematik gefunden. Ein Physiker sagte in einem Interview: *„Einiges fand ich durch Zufall."* Dieses Wort gefällt mir. Was ist Zufall? Bei meiner Recherche finde ich aber nicht das, was ich denke. Die Deutsche Sprache ist manchmal großartig in ihrer Wortgebung und der Bedeutung eines Wortes! Zufall = es fällt mir etwas zu. Es fällt von oben, nicht wahr? Also Zufall ist, was uns von OBEN zufällt!

Denkend finde ich auch einiges und komme ins Staunen: Die Pflanzen sind vernetzt, wie es Prof. Stefano Mancuso 2015 in seinem Buch: „Pflanzenrevolution. Wie die Pflanzen unsere Zukunft erfinden" bewies. Und nicht nur die Pflanzen sind vernetzt – sondern auch WIR – WIR sind vernetzt mit dem Universum, mit dem Kosmos. Die Sterne sind Geistwesen des Kosmos, sie „begaben" uns bei Geburt.

Theodor Fechner schrieb auch den Gestirnen einschließlich unserem Planeten Erde „Seelen" zu, wenngleich von anderer Art als die menschlichen. Gewiss, weder Materie noch Energie können aus der Welt verschwinden. Das gilt auch für die den Materieteilchen oder den Energiequanten anhaftenden Informationen. Sie bleiben ebenfalls erhalten. Alles, was wir machen und denken, ist gespeichert oben. Es wussten die weisen Menschen immer schon, dass nach dem Tode eine Rückschau kommt. Wir können dann nochmals alles sehen, wie im Film, was wir hier gemacht haben. Jetzt kann man sich das besser vorstellen, da wir die Quantentheorie bedenken können.

Prof. Dr. Kirschner schreibt in seinem „Lehrbuch der Numerologie": *„Alles im Kosmos ist ohne Zweifel in ständiger Bewegung. Puls, Schwingung und Rhythmus bilden die Grundlagen allen Lebens auf der Erde, wie im gesamten Universum. Das Weltall ist Klang, ist Musik."*

Und werden wir auf Erden auch älter und alt, unser ICH ist jedoch zeitlos. Immer gleich und dasselbe. Unser Selbst ist herausgehoben aus der Zeit. So kommen und gehen wir. Jesus sagte: *„werdet Vorübergehende"* (Evangelium nach Thomas, Legion 42, von Monika Petty).

Albert Einstein meinte (1932): „*Das Schönste und Tiefste, was der Mensch erleben kann, ist das Gefühl des Geheimnisvollen. Es liegt der Religion sowie allem tieferen Streben in Kunst und Wissenschaft zu Grunde. Wer das nicht erlebt hat, erscheint mir wie ein Blinder. Zu empfinden, dass hinter dem Erlebbaren ein für unseren Geist Unerreichbares verborgen sei, dessen Schönheit und Erhabenheit uns nur mittelbar und in schwachem Widerschein erreicht, das ist Religiosität. In diesem Sinne bin ich religiös. Es ist genug, diese Geheimnisse staunend zu ahnen und zu versuchen, von der erhabenen Struktur des Seienden in Demut ein mattes Gefühl geistig zu erfassen.*"

„*Wie oben so auch unten*" - oben ist auch Klang, Vielfalt und Farbe, nur anders chemisch und physikalisch gebildet als hier. Und deshalb für uns unsichtbar und unhörbar. Mein Geist kann es sich vorstellen. Ich ging vom Suchen, Finden und Staunen über das All und dem Erkennen - zu mir selbst. „*Wer das All erkennt, sich selbst aber verfehlt, verfehlt alles.*" Wo verfehle ich mich? Weil ich nicht weiß woher und wohin und wer ich bin.

Da kommt mir ein Lichtblick – ein kleiner heller Blitz – ich erinnere mich an 1. Korinther Kap. 13, Vers. 12: „*[...] jetzt erkenne ich es stückweise, dann aber werde ich erkennen, wie ich erkannt bin.*" Der genaue Vers lautet: „*Wir sehen jetzt durch einen Spiegel in einem dunklen Wort, dann aber von Angesicht zu Angesicht – jetzt erkenne ich stückweise, dann aber werde ich erkennen, wie ich erkannt bin.*"

Zahlen prägen das Universum und unsere Welt

In alten Kulturen und Religionen dachte man, dass Zahlen das Weltall bewegen. C.G. Jung meinte sogar, dass Zahlen nicht vom Menschen erfunden wurden, sondern nur entdeckt. Sie seien *das originale Ordnungselement von allem"* (aus dem Buch „Orientierung" von David Steindl-Rast).

Prof. Dr. Kirschner schreibt sehr interessant über die Geschichte der Zahlen (Lehrbuch der Numerologie) und wie sehr die Zahlen den antiken Bauten, z.B. den Pyramiden, zugrunde liegen.

Jedes Atom in uns ist sowohl mit dem Universum wie auch mit der Umwelt eng durch Zahlen verbunden. Auch die moderne Quantenphysik zeigt, dass auf uns heute noch auf unerklärliche Weise ein Informationsaustausch über beliebige Entfernungen stattfindet. Alles, was wir tun und machen und denken, ist gespeichert dort oben in der Transzendenz. So sind wir mit unserer ganzen Umwelt, mit dem, was wir als unsere Mitwelt erkennen, mit dem gesamten Universum eng verbunden.

David Steindl-Rast OSB schrieb: „*wenn wir uns dessen bewusst werden, dann werden wir unsere Umwelt ganz anders würdigen und mit derjenigen Ehrfurcht begegnen, die unsere Mitwelt verdient"*. Und er meinte auch „*für Pythagoras waren alle Himmelskörper und Gestirne lebendige Wesen, deren physische Formen ihre Seelen, ihr Denken und ihren Geist umhüllten, ganz so, wie es auch beim Menschen der Fall ist."*

Dr. Friedrich W. Doucet sagt: „*dieses Denkmodell der Allbeseeltheit – wonach auch Tiere und Pflanzen beseelt sind - würde uns auch helfen, Pflanzen und Tiere besser zu behandeln.*

Die Welt ist nach Maß und Zahlen geordnet. Die Ordnung des Universums entspricht der Ordnung der Zahlenverhältnisse und ist aus ihnen abzulesen und umgekehrt. Mögen Dinge und Menschen vergehen, durch die Zahlen sichtbare Muster bleiben bestehen."

Den Zahlen wohnen Kräfte inne, die irgendwo im Kosmos, vielleicht in fernen Sternensphären, zuhause sind. Viele haben das früher geahnt oder gewusst: *„Weißt du wieviel Sternlein stehen, Gott der Herr hat sie gezählet."* Im Alten Testament sagt es in Jesaja, Kap. 40 Vers 26: *„Hebt eure Augen in die Höhe und sehet: wer hat die Sterne dort oben geschaffen? Er ist es der Herr, der alle zählt und herausführt und sie beim Namen ruft."* Im neuen Testament, Matthäus Kap. 10 Vers 30 sagt es *„alle Haare auf deinem Kopf sind gezählt"* und Jesus sagte: *„Kein Sperling fällt vom Himmel, ohne dass Gott es weiß."*

Ich habe in meinem Leben viele Menschen getroffen, die außergewöhnlich fröhlich und strahlend waren und fand heraus, dass sie am Sonntag geboren wurden. Es ist leicht zu sehen - ein großer Unterschied zwischen Sonntagskindern und anderen. Ebenso sieht man einen Unterschied im Verhalten zwischen beispielsweise einem Löwe-Geborenen und einem Stier- oder Zwilling-Geborenen. Die Beziehung zwischen dem Tag der Geburt und dem Charakter der Menschen ist schon von alters her bekannt. Es sind vier, die Gene der Familie, der Tag der Geburt mit dem Tierkreis, der Wochentag mit den Planeten und die Numerologie in der Geburtszahl.

Ich hatte vor Jahrzehnten in Mexiko ein Büchlein über Numerologie gekauft und gelesen (Numerologica magica, Editoral Epoca, S.A. de C.V., Eperadores 185, Col. Portales, C.P. 03300, Mexico D.F.).

Nun muss ich doch gestehen, dass ich zeitlebens die Numerologie eher als fragwürdige Spielerei betrachtete. Zuerst las ich das Buch nur flüchtig und erst viel später (um das Jahr 2020) genauer, und begann es zu analysieren. Daraufhin las ich noch weitere drei Bücher darüber. Das Erstaunliche war, dass die Auslegung in allen drei Büchern anders war als in dem Buch von Mexiko. Das Buch von Mexiko hat positive und gute Beschreibungen, während die anderen drei Bücher nach J. Warner (einem Handleser) ausgelegt wurden, der unter dem Namen „Chiro" in Amerika um 1860 berühmt wurde. Diese Auslegungen sind schockierend. Beispielsweise die Nummer 11 ist von der Sünde, Nummer 6 von der Sexualität. Das ist der Grund, warum ich das Buch von Mexiko vorziehen musste. Es gibt, soviel ich weiß, keine deutsche Übersetzung und ich konnte den Verlag nicht kontaktieren. Ich entschloss mich daher, eine zwar wörtliche, aber etwas gekürzte Übersetzung zu machen. Ich übersetzte nur die wichtigsten Punkte und ließ sehr viele Wiederholungen weg. Es ist mir leicht gefallen, da es in einer sehr knappen, kurzen Form geschrieben ist, mit sehr kurzen Sätzen. Ich übersetzte alles wörtlich und tat das sehr gerne. Sie finden eine Zusammenfassung im Anhang.

Im Vorwort des mexikanischen Buches sagt es, dass Pythagoras in Samos studierte, dann mehrere Reisen nach Indien, China und Ägypten unternahm und dort weiter Astrologie studierte. Zurück in Samos eröffnete er eine Schule für Mathematik und Astrologie, wurde jedoch verfolgt und wanderte schließlich nach Italien aus. Dort eröffnete er wiederum eine Schule für Mathematik und Astrologie (529 v. Chr.).

Auch Aristoteles lehrte später ähnlich und nannte die einfache mathematische Methode, die Ziffernsumme, theosophische Reduktion.

Das allereinfachste Deutungssystem berücksichtigt lediglich, welcher Wochentag der Geburtstag war. Jeder Wochentag ist im Sonnensystem einem Planeten, dem Mond oder der Sonne zugeordnet. Der Montag wird vom Mond regiert, der Dienstag ist vom Mars beeinflusst, Mittwoch vom Merkur, Donnerstag vom Jupiter, Freitag von der Venus, Samstag vom Saturn und Sonntag von der Sonne selbst.

Wie berechnet man in der Numerologie die Geburtszahl?

Als Beispiel nehme ich mein Geburtsdatum, es ist der 23. 7. 1930. Die Ziffernsumme daraus ist 7, mein „Archetyp". Es gibt 9 Archetypen und vier Meisterzahlen. Diese sind 11, 22, 33 und 44.

Berechnung meines Geburtsdatums: $2 + 3 = 5 + 7 = 12 + 1 = 13 + 9 = 22 + 3 = 25$. Von diesem Ergebnis muss man nun wiederum die Ziffernsumme bilden. $2 + 5 = 7$.

Nach dieser Methode habe ich die Ziffernsumme der Geburtsdaten von 200 berühmten Menschen berechnet, von Politikern, Kaisern, Königen, Wissenschaftlern, Malern, Dichtern – wen ich so in der Zeitung und im Internet fand. In diesen Berechnungen der berühmten Persönlichkeiten kamen erstaunlicherweise die Zahlen 1, 3, 4, 7 jeweils 25- bis 30-mal vor, aber die Zahlen 6, 8, 9, 22 sehr selten. Die Meisterzahlen 11 und 33 häufiger, 22 und 44 fast nie! Die Zahl 44 nur 2-mal bei 200!

Das ist vollkommen gegen jede Wahrscheinlichkeit. Entsprechend der Wahrscheinlichkeit müssten alle Zahlen gleich oft kommen: also zum Beispiel bei 30 getesteten jede Zahl 2-3-mal. Ich testete nochmals eine große Familie – bestehend aus 30 Menschen - und das Erstaunliche war, das Ergebnis war völlig anders: diese Familie hatte bei 30 Menschen 6-mal die Zahl 7 und sogar 9-mal die Zahl 5. In diesem Fall handelte es sich um eine musisch begabte Familie. Zur letzten Sicherheit testete ich noch 30 Menschen – Angestellte, Arbeiter, Menschen aus meinem Umfeld. Und siehe da – diese hatten alle Zahlen 2–3-mal, genau nach der Wahrscheinlichkeit. Aber auch hier habe ich niemanden mit den Zahlen 6, 22 und 44 gefunden.

Nachdenkend bin ich überzeugt, dass Menschen mit den Zahlen 1, 3, 4, 7 die Aktiven sind, ihre Gaben benützten und im Leben und in der Geschichte so bekannt wurden, sodass man sie leicht erfassen konnte. Die Zahlen 6, 8, 9 sowie die Meisterzahlen waren Menschen, die in Stille, Liebe und Hilfsbereitschaft ihr ganzes Leben arbeiteten, aber nicht in die Geschichte eingingen und daher auch nicht zu erfassen waren.

Bei den ersten 200 sehr bekannten Menschen fand ich nur 5-mal die Zahl 6, 4-mal die Zahl 8, 10-mal die Zahl 9, 5-mal die Zahl 11, 5-mal die Zahl 22, 8-mal die Zahl 33 und nur 1-mal die Zahl 44.

Was schließe ich daraus?

Zahlen sind nicht anfechtbar, man kann sie nicht widerlegen. Die Gaben sind Möglichkeiten, Begabungen, die jeder Mensch benützen kann, wenn er will - oder sie liegen brach.
Die Umwelt beeinflusst uns, wir gehen dorthin oder dahin, wir haben ständig die Freiheit, so oder so. Die Numerologie-

Zahlen sagen nichts über das ganze Leben aus, sondern nur über die Möglichkeit, die Gaben, die wir bei Geburt erhielten, zu benützen. Und die 200 waren so bekannt in der Geschichte, dass sie erfassbar waren.

Ich habe das geschrieben, nicht um das Interesse für Numerologie so sehr zu wecken – nein – für mich war die Numerologie nur das Mittel, zu mehr zu kommen. Die Zahlen haben mir bewiesen, dass Geistwesen uns begaben. Wir kommen von oben und gehen zurück nach oben. Deshalb schreibe ich das alles. Jetzt weiß ich, woher ich komme und wohin ich gehe.

ANHANG

Die Interpretation der Zahlen von 1 bis 9 aus dem Buch: Numerologica magica, Editoral Epoca, S.A. de C.V., Eperadores 185, Col. Portales, C.P. 03300, Mexico D.F.

Sieglinde Traute Maria Roskaritz hat die Hauptpunkte dieses Buches übersetzt, jedoch Wiederholungen sowie die Auslegung der Namenszahlen weggelassen.

Graz, im Jahre 2025

Im Vorwort des Buches sagt es, dass die Numerologie eine sehr alte und gut fundierte Wissenschaft sei, von vielen Völkern seit Jahrtausenden geübt. In Amerika und Europa, in der Zeit der Renaissance und danach der Aufklärung in Vergessenheit geraten, wurden erst nach dem Jahr 1820 wieder einige Bücher geschrieben. Die Numerologie ist gut, um sich selbst und seine Mitmenschen zu verstehen und dadurch friedlicher zusammenzuleben.

Die Methode ist einfach. Man berechnet nur die Ziffernsumme eines Geburtsdatums, worauf sich die Zuordnung zu einem der neun Archetypen oder einer der Meisterzahlen ergibt.

Die Menschen der Zahl Eins

Eins ist die Zahl der Schöpfung, der Energie und des Anfangs von allem. Symbolisch steht Eins für den Individualismus, für die Unabhängigkeit, sie ist der Anfang von Vielem.

Die Menschen der Eins sind die energetischsten, begabt und dynamisch, aber mit Fehlern. Diese Menschen bringen neue und fortschrittliche Ideen. So öffnen sie neue Wege.

Sie lieben es anzuschaffen, aber wollen sich nicht einordnen oder gehorchen, so dass sie manchmal Schwierigkeiten mit der Obrigkeit bekommen. Sie sind dynamisch, manchmal sogar genial und sind „geborene Führer". Sie haben große Überzeugungskraft, auch sich selbst gegenüber, was jedoch manchmal zu einer Überschätzung der eigenen Persönlichkeit führt. Sie neigen zum Extremen, sie nehmen gefährliche Aufgaben an, doch meistens bringen sie sie auch zu einem guten Ende.

Monotonie ist nichts für sie. Sie haben einen sehr starken Intellekt, sind beweglich und haben guten Humor, dadurch schließen sie leicht Freundschaften. Allerdings neigen sie dazu, auch ihre Freunde zu kritisieren und zu kommandieren, was natürlich nicht sehr beliebt ist.

Mache Dir einen Menschen der Zahl Eins nicht zum Feind! Er vergibt sehr selten und kann auch aggressiv werden. Dabei ist seine beste Waffe das Wort. Sie können sarkastisch und ironisch sein und wissen immer, wo es den anderen am meisten trifft. Sie neigen zu Egoismus und Intoleranz, denn sie denken, sie sind die Besten und die Einzigartigsten.

Partnerschaften sind mit einem Menschen der Acht oder Neun völlig unmöglich, denn diese Zahlen sind auch sehr stark und es käme zu ständigem Streit. Gut ist eine Verbindung mit der Zahl Zwei oder Vier.

Im Arbeitsleben sind sie Führungskräfte, oder sie sind ihr eigener Boss. Es ist fast unmöglich, eine Zahl Eins dazu zu bringen, ihre Fehler einzusehen. Sie überfahren oft andere Leute, um zu erreichen, was sie wollen oder vorhaben. Es ist auch leicht für sie Geld zu machen, aber noch leichter, es wieder auszugeben, deshalb kommen sie mit einem eigenen Geschäft oft in Schwierigkeiten.

Die Menschen der Zahl Zwei

Sie sind sehr sensibel, auch für die Bedürfnisse und Gefühle von anderen. Sie sind besonders motiviert, sich anderer Menschen mit großer Güte und Bescheidenheit anzunehmen. Die Zweier sind stets guten Glaubens und guter Absicht und erwarten auch immer Gutes von allen anderen. Deshalb werden sie leider leicht von anderen ausgenutzt.

Sie bleiben lebenslang jung im Herzen, sind immer zufrieden, lebendig und immer froh und hilfsbereit. Das ist eine besonders ausgeprägte Eigenschaft der Zweier. Der Zweier kennt keinen Trübsinn und keine Depression. Sie hassen Eintönigkeit und ganz besonders Ungerechtigkeit. Bei Neuem sind sie eher abwartend, aber, wenn sie etwas Neues finden, so können sie es mit Freude teilen.

Menschen der Zwei werden von allen geliebt aufgrund ihrer warmen Natürlichkeit, ihrer sympathischen Art und ihres großen Verständnisses. Sie hören gerne zu und beobachten sehr gut. Manchmal hören sie zu sehr auf ihr Herz und nicht auf den Verstand. Sie lieben den Frieden und wollen mit anderen Menschen friedlich leben. Sie sind stets froh, beruhigen den anderen und helfen ihm, positiv zu sein und die Sache mit Ruhe zu nehmen.

Weil sie so liebevolle Menschen sind, leben sie mehr für die anderen, ja, sie opfern sich für die anderen auf, um den Frieden wieder herzustellen. Trotzdem sind sie manchmal unsicher, sogar ein bisschen ängstlich. Manchmal haben sie eine zu niedrige Meinung von sich selbst. Da sie so harmonisch und liebevoll sind, leben sie praktisch mit allen Zahlen gut zusammen. Sie sollten jedoch nicht die schlechten Seiten anderer zu sehr beachten. Es wäre besser für ihre Gesundheit, wenn sie nicht alles allzu ernst nehmen würden.

Die Menschen der Zahl Drei

Drei ist die Zahl der harmonischen Vereinigung von drei Grundelementen, sie ist die Zahl des Gleichgewichts und der Vollkommenheit, die in Neues überleitet. Die Menschen der Drei sind voll Enthusiasmus, optimistisch, kreativ. Sie sind lebenslang jung im Herzen und immer zufrieden und froh. Sie sind geistig rege, voll Neugierde und sind sehr motiviert, Neues zu lernen und es zu behalten, was ihnen sehr leicht fällt.

Sie sind wandelbar, lebendig und erfinderisch. Sie gehen mit Freude, Optimismus und Zuversicht durch das Leben. Sie suchen Liebe und Vergnügen sowie Schönheit und Vollkommenheit und können sich für ihre Ideale aufopfern.

Die Dreier haben eine natürliche und einfache Art, mit anderen entspannt umzugehen. Ihre Energie und Lebenskraft ist spürbar und ansteckend. Sie kennen keine schlechte Laune, keinen Trübsinn und keine Depression. Auf andere wirken sie wie frische Luft, denn sie gehen auf das Ziel zu, ohne lange zu überlegen.

Sie sind immer bemüht, andere zu verstehen und ihnen zu helfen und, sie sind sehr sozial. Sie wissen zu vergeben, sich selbst und anderen und sind sehr großzügig. Dadurch haben sie viele Freunde und Bewunderer, sie stehen bei Festen im Mittelpunkt. Die Tür ihres Hauses ist immer offen.

Sie sind großzügig, besonders, wenn man sie lobt, denn sie sind auch etwas eingebildet. Manchmal glauben sie, sie könnten sich alles erlauben, weil sie alle so sympathisch finden. Sie haben eine gewisse Neigung, das Gute stark hervorzuheben und das Schlechte kleiner zu machen. Sie sind daher leicht zu beeinflussen. Sind sie nicht gut informiert, werden sie unruhig und mit sich selbst unzufrieden.

Der Kopf eines Dreiers ist immer frisch, offen und schnell im Denken. Er ist begeisterungsfähig und erledigt jede Aufgabe rasch. Doch lässt die Aufmerksamkeit nach, wenn es zu lange dauert. Er hat keine große Ausdauer und schaut sich nach Vergnüglicherem um, ohne die Möglichkeiten des eben Begonnenen voll auszuschöpfen.

Falls ein Dreier andere störende Einflüsse hat, oder die Charaktereigenschaft der Drei besonders stark ist, haben sie die Neigung, sogar frivol zu sein oder oberflächlich, wollen stets im Mittelpunkt sein und alle Aufmerksamkeit auf sich lenken. Dann neigen sie zur Übertreibung und glauben ihre eigenen Worte. Sie machen manchmal auch Versprechungen, die sie nicht halten können.

Menschen der Drei haben Talent für vieles. Beruflich sind sie sehr gut in der Kommunikation, sie können gut schreiben und sich sehr gut ausdrücken. Sie sprechen manchmal sogar zu viel, auch wenn sie nichts wirklich Wichtiges zu sagen haben. Sie sind erfolgreich als Künstler, als Schauspieler und im Verkauf.

Die Menschen der Zahl Vier

Sie stehen mit beiden Beinen auf der Erde. Sie haben die Kraft, Probleme in Zusammenarbeit mit anderen fleißig und mit endloser Ausdauer, auch bei kleinsten Aufgaben, zu lösen. Probleme gehen sie mit Mut und Überzeugung an und geben kaum auf, wenn sie sich zu etwas entschlossen haben.

Vierer sind diszipliniert, konsequent und kontrollieren sich selbst, sind ordentlich und methodisch und kennen ihre eigenen Grenzen. Sie sind voll innerer Stärke und lieben die Gerechtigkeit. Sie sind beständig in ihrer Meinung und können sich gut konzentrieren.

Für Träumereien und unrealistische Pläne haben sie keine Zeit. Im Leben fehlt ihnen bisweilen die Freude, weil sie so sehr in ihre Aufgaben vertieft sind und sich keine Ruhe gönnen. Immer wollen sie etwas Nützliches tun.

Vierer sind verschlossene Leute. Gefühle zeigen sie nur selten und es fällt ihnen schwer, diese auszudrücken. Sie sprechen eher wenig und wollen kurz und knapp auf das Wichtigste eingehen. Sie beobachten gut und glauben nur, was sie sehen. Ein Vierer geht selten aus sich heraus, aber wenn er aus seinem Panzer kommt, kann er sehr hart und direkt sein.

Manchmal neigen sie auch dazu, intolerant zu werden und ärgern sich über leichtlebige und oberflächliche Leute. Dadurch schaffen sie sich Feinde. Sie haben recht wenig Humor und lachen selten über sich selbst. Aber wenn ein Vierer etwas verspricht, dann hält er es auch.

Seine wenigen Freunde und seinen Partner sucht sich der Vierer sorgfältig aus. Das dauert oft lange, hält dann aber fürs Leben. Sie passen gut zu den Zahlen Sechs und Acht. Sie sind gute Eltern, manchmal etwas zu streng und verlangen zu viel von ihren Kindern, denen sie viel öfter ihre Gefühle zeigen sollten.

Beruflich sind sie gute Konstrukteure, Ingenieure und Verwalter und beherrschen alles, was mit Zahlen und Finanzen zu tun hat. Sie brauchen keine Aufsicht, sie sind selbst gute Controller oder Manager.

Die Menschen der Zahl Fünf

Menschen der Zahl Fünf sind kreativ, frei für jeden Fortschritt und für Gemeinsamkeit. Sie sind mit höchst brillantem Kopf, sie folgen einem guten Intellekt, der beweglich und lebendig ist und nicht müde wird. Sie werden jedoch leicht ungeduldig mit anderen.

Sie suchen ständig neue Möglichkeiten und Abenteuer. Sie wollen mit viel Energie immer etwas Neues finden. Aber manchmal gehen sie aus Ungeduld immer wieder auf Neues und wieder Neues zu, ohne das Alte wirklich auszuarbeiten. Wenn man sie zurückhält, werden sie rebellisch, ironisch oder sogar angriffslustig.

Sie machen sich viele Freunde, die sie bewundern. Sie sind gerne im Mittelpunkt von allen. Mit ihnen zu leben ist manchmal nicht leicht, weil sie so leicht in schlechte Stimmung geraten. Falls sie sich überfahren fühlen, können sie sich in Zorn steigern und aggressiv werden.

Sie haben ein erstaunliches Gefühl für Kunst und für alles Schöne, aber sie wollen sich nicht ganz hergeben oder hingeben. Die ideale Verbindung ist mit einem Fünfer oder mit einem Zweier. Sie sind romantisch, aber eher ängstlich und deshalb nicht gerade sehr glücklich im Liebesleben. Haben sie den/die Richtige gefunden, sind sie liebevoll und gute Partner, aber mit dem falschen Partner, durch den sie sich beengt fühlen, würden sie kritisch, ironisch oder auch aggressiv werden.

Sie haben ihre Gefühle auch nicht so gut unter Kontrolle, deshalb können sie auch kalt und unpersönlich werden. Sie können sogar explodieren und zerstörerische Kräfte haben. Sie sollten daher ihre Impulse zügeln.

Da sie sehr beweglich sind, haben sie Erfolg in den meisten Arbeiten. Aber aufgrund ihrer Beweglichkeit passen sie nicht in ein Büro, denn eingeschlossen wollen sie nicht sein. Aktion ist ihnen ganz wichtig. Ohne Aktion und Emotion sind sie unglücklich. Nur keine Routine oder Monotonie.

Auch sind sie sehr begabt in allem Künstlerischen. Sie sind nicht an erster Stelle an Geld interessiert, sie wollen leben und nur das besitzen, was sie wirklich brauchen, das Geld ist nicht wichtig. Heute reich oder arm - sie nehmen es, wie es kommt. Haben sie welches, geben sie es gerne und schnell aus.

Die Menschen der Zahl Sechs

Sie dehnen sich nach oben zum Kosmos und nach unten bis zur Erde, das verleiht große Kraft. Sie streben den Ausgleich an. Menschen der Sechs lieben das Gleichgewicht. Sie schenken Liebe, Trost und Hilfsbereitschaft, behalten immer die Ruhe und sind tolerant.

Sie sind sehr aufrichtig und schützen Freunde und Familie, für die sie alles tun. Sie schließen gerne Freundschaften, machen Einladungen in ihr Heim und sind lieb und taktvoll zu allen.

Der Sechser ist sehr sensibel, daher macht er sich oft Sorgen, die gar nicht so wichtig sind. Er hat großen Intellekt und großes Talent, ist fröhlich und unterhält sich gerne. Er ordnet sich gut ein und kann gehorchen. Da sie sehr vielseitig sind, wollen sie immer allen helfen und gute Ratschläge geben. Sprechen können sie genauso gut wie Zuhören, ja man könnte sie sogar leutselig nennen.

Einem Sechser schenken die Menschen großes Vertrauen, und diese geben Sicherheit, Liebe und Vertrauen zurück. Jedoch sollten sie dabei nicht besitzergreifend oder intolerant sein. Sie können eifersüchtig sein.

Oft widmen sie Kleinigkeiten, die es nicht wert sind, zu viel Aufmerksamkeit. Als Eltern sind sie fast perfekt, aber sie sollten darauf achten, nicht intolerant zu werden und zu viel zu verlangen, denn sonst wollen die Kinder so bald wie möglich das Haus verlassen. Als Kind sind sie eher etwas ängstlich, man sollte es daher vor schlechten Einflüssen bewahren. Falls Menschen der Sechs reich werden, werden sie deshalb nie eingebildet sein.

Es ist nicht ratsam, eine Zahl Sieben, Sechs oder Neun zum Partner zu wählen. Der Sechser versteht den Siebener nicht, der gerne allein ist. Als Partner sehr gut sind Eins oder Acht.

Beruflich eignen sie sich als Sprecher, Priester und zur Sozialarbeit und Medizin. Unterricht, Wissenschaft und Religion sind ihre besonderen Stärken. Als Vorgesetzter ist der Sechser sehr gut und angenehm und als Arbeiter genau und sorgfältig. Haben sie Geld, sind sie sehr vorsichtig beim Ausgeben, sehr sparsam. Ihre ruhige, tolerante Art lässt sie manchmal zu sehr unbeweglich sein, bis hin zur Trägheit.

Die Menschen der Zahl Sieben

Die meisten Menschen der Sieben sind nach innen gekehrt im Suchen nach woher, wohin und warum. Sie lieben es, allein zu sein, um nachzudenken, warum alles so ist. Daher interessieren sie sich für esoterische und alle übersinnlichen Dinge und lieben es sehr zu lesen. Die meisten haben eine gewisse geistige Höhe erreicht. Sie hören auf ihre innere Stimme, die ihnen im Leben hilft. Sie lieben Perfektion und Schönheit.

Siebener sind Individualisten und sehr unabhängig von allem, was die anderen sagen oder tun. Ein Mensch der Sieben glaubt niemals, was andere sagen, sie müssen alles selbst ausprobieren oder erfahren. Dadurch sind sie oft einsam, aber sie lieben es, allein zu sein. Als Kind sind sie sehr zurückgezogen und manche empfinden dieses Kind wie einen alten Menschen, weil sie so gern allein herumsitzen und in ihrem Buch lesen. Sie sind meistens auch keine sehr guten Eltern.

Sie öffnen sich nicht leicht und sprechen nicht gerne über ihre Gefühle, geben sich eher kalt und unnahbar. Viele halten sie daher für stolz und unsympathisch. In Wahrheit sind sie sehr empfindlich und verstecken sich und ihre Gefühle, damit sie niemanden verletzen können. Auch sind sie manchmal anfällig für Depressionen und haben ein schwaches Nervensystem. Sie vertragen keine großen Menschenansammlungen. Siebener lieben nicht, dass man ihnen Ratschläge gibt.

Manche Menschen der Sieben strahlen mit einer gewissen Eleganz und mit anziehendem Wesen, so dass sie auch Freundschaften schließen, sind dabei aber sehr wählerisch.

Manchmal werden sie leider auch rücksichtslos und egoistisch. Da sie so verschlossen sind, fällt es ihnen schwer, einen richtigen Partner zu finden. Gut wäre eine Zahl Sieben, Vier oder Neun. Sechs und Zwei sind nicht gut, da die Sieben zu kalt ist.

Siebener sind sehr gut im Analysieren und Erforschen. Manchmal haben sie Ideen, die zu hoch gegriffen sind und sich nicht realisieren lassen. Sie sind gut im Kreativen und Dekorativem, als Architekten, bei allem Wissenschaftlichem und Analytischem.

Ihr Geld kommt von selbst, weil sie es nämlich nicht suchen. Sie haben jedoch meistens immer reichlich, was sie brauchen und falls einmal weniger da ist, spielt es keine Rolle, es fällt ihnen leicht zu sparen.

Die Menschen der Zahl Acht

Die Zahl Acht beinhaltet Leben und Tod. Die Menschen der Zahl Acht können bauen und gestalten, aber ebenso zerstören, reinigen und erneuern. Sie haben sowohl geistiges als auch materielles Niveau.

Menschen der Acht sind hungrig danach, Ziele zu erreichen, die andere nicht schaffen. Sie sind ausgeglichen und sicher im Auftreten, außergewöhnliche Persönlichkeiten, die vor nichts Angst haben. Extrem impulsive Kämpfer, die vorher genau überlegen, und wenn sie sich entschlossen haben, gehen sie sicher als Triumphator ins Ziel. Nichts kann sie aufhalten. Praktisch, realistisch und gerecht sind sie in der Lage, schwierigste Situationen zu lösen.

Die Zahl Acht hat so großen Mut und so harte Disziplin, dass es für andere oft schwer wird zu folgen. Die Acht wahrt stets das Gesicht, spricht frei und immer sehr geradeheraus, was manche Leute nicht mögen. Vor allem hasst sie alle Lügen.

Viele Menschen der Acht sind fanatisch und überzeugt davon, immer im Recht zu sein, was andere oft nicht akzeptieren. Sie übertreiben oft, können ungeduldig sein und besitzergreifend. Wenn sie etwas erreicht haben, genügt ihnen das nicht und sie suchen sofort eine neue Aufgabe.

In Fragen der Liebe oder Heirat sind sie schwierig, da sie allzu viel verlangen und auch sehr besitzergreifend sind. Sie verlangen totale Hingabe, geben aber dann auch selbst alles. Es ist leichter für Zweier und Vierer, Partner zu sein. Zahlen wie die Acht oder die Eins würden zu viel miteinander kämpfen und keiner würde gewinnen. Manchmal sollten sie toleranter sein.

Sie sind sehr gute Organisatoren, können eine verfahrene Situation in Ordnung bringen und beherrschen jeden Beruf, der Befehle gibt oder Neues schafft. Sie sind exzellente Geschäftsleute, manchmal mit kaltem, perfektem Verstand. Sie sind sehr gute Rechtsanwälte, Politiker, Finanzmanager, Ingenieure und Direktoren.

Mit dem Geld geht es fantastisch. Sie können über Nacht riesige Summen verlieren, aber sofort beschaffen sie es neu. Niemals leihen sie Geld an jemanden und niemand kann sie ausbeuten.

Die Menschen der Zahl Neun

Sie sind von größter geistiger Reife und erreichen eine Höhe der Entwicklung, von der sich die Türen zu reiner Spiritualität öffnen. Menschen der Neun sind sehr selbstständig, mit Mitgefühl für andere Menschen, und sie geben, ohne Erwartung, etwas zurückzubekommen. Niemand ist so mitfühlend mit dem Leiden und der Bedürftigkeit anderer Menschen wie sie.

Sie sind intelligent, aktiv und erfassen schnell, was andere Menschen oder Situationen brauchen. Sie finden auch bei schweren Problemen eine Lösung und behalten die Ruhe. Sie sehen Kleinigkeiten, beobachten genau und haben ein gutes Gedächtnis. Sie arbeiten mit Methode und Disziplin. Eben deswegen verstehen manche Leute sie nicht. Sie machen sich selten Freunde, da sie zu viel kontrollieren und dominieren.

Auch haben sie manchmal eine extravagante Weise, die die Menschen befremdet, besonders Leute mit geringerem Intellekt. Sie sind auch stolz, sie helfen nur, weil sie es selbst wollen und lassen sich niemals zwingen. Auch sprechen sie sehr direkt, ohne zu bedenken, was die anderen dabei fühlen. Diese direkte Art befremdet viele, ebenso, wie ihre Arroganz. Obwohl sie verständnisvoll sind, geben sie sich niemals ganz.

Sie sind rebellisch gegen Ungerechtigkeit, zeigen früh ihre Unabhängigkeit und wollen nicht eingesperrt sein. Menschen der Neun haben große Freude an der Natur und am Reisen. Als Eltern sind sie sehr gut, verstehen ihre Kinder und machen, dass sie sich gut, geborgen und geliebt fühlten.

Weil sie freigiebig sind, haben sie auch selten viel Geld für sich selbst, denn sie leihen und geben, ohne es zurückhaben zu wollen. Manches Mal helfen sie sogar Leuten, die es gar nicht so nötig hätten.

Sie sind romantisch und auch Träumer, so dass sie sich oft verlieben, aber selten und spät binden. Dabei harmonieren Neun und Neun gut, auch Neun und Vier, aber auf keinen Fall passt Eins oder Fünf, denn Eins ist zu egoistisch und egozentrisch, und die Fünf ist genauso erregbar, daher würden sie zu viel kämpfen. Die Zwei ist zu empfindlich für die direkte Art der Neun.

Bei der Arbeit sind die Neuner so sehr von Idealen erfüllt, dass sie oft auf die Alltagsverpflichtungen vergessen. Als Berufe eignen sich Medizin, Therapie, Sozialarbeit. Als Schauspieler und Politiker haben sie sehr gute Chancen.

Die Meisterzahlen

Die Menschen mit der Zahl Elf

Sie sind Idealisten und auch Träumer, die auf andere aber großen Einfluss haben könnten. Sie sind hilfsbereit und begabt mit viel Intelligenz. Manchmal sind sie sich selbst nicht bewusst, wie hervorragend sie sein könnten. Erst, wenn es nötig ist, wachsen sie über sich hinaus.

Sie sind unparteiisch, ehrlich und großzügig, und so schaffen sie oft Frieden und Harmonie unter ihren Mitmenschen. Manche haben ein Leben, das auffällt - aktiv und anders als die anderen. Kinder der Geburtszahl Elf kann man an ihrem klaren Blick erkennen.

Da 1 + 1 zwei ergibt, gilt für die Nummer 11 auch die Nummer 2.

Die Menschen der Zahl Zweiundzwanzig

Sie sind oft höchst energiegeladen, sie sind meistens fest auf der Erde verankert und erreichen vieles im materiellen Bereich. Trotzdem haben sie auch den Blick nach oben. Also besitzen sie nicht nur alle Vorzüge und Fähigkeiten der Nummer 4 - denn 2 + 2 ist 4, sondern haben darüber hinaus auch Halt, Wissen und Harmonie des Spirituellen. Und wie bei den Kindern der Elf kann man die Zahl Zweiundzwanzig an einem besonders klaren und sicheren Blick erkennen.

Die Menschen der Zahl Dreiunddreißig

Sie sind erfüllt von großer Liebe für die Mitmenschen. Sie stehen für Gerechtigkeit und auch für Tradition. Sie helfen und schützen viele. Sie opfern sich voller Hingabe, um den Menschen zu helfen und beizustehen. Sowohl in Moral und Geistigem als auch im Materiellen helfen sie mit Rat und Tat.

Sie strahlen - und selbst die Verzweifelten finden durch sie etwas Ruhe. Sie sind sehr für die Familie, für sie geben sie alles. Niemals wird eine Dreiunddreißig neidisch oder geizig sein und nie versuchen, jemanden zu übervorteilen oder auszunützen. Die Dreiunddreißig sind Menschen im Licht geboren.

Da 3 + 3 sechs ergibt, gilt für sie auch alles von Nummer 6.

Die Menschen der Zahl Vierundvierzig

Sie haben eine beeindruckende Persönlichkeit, viel Kraft, Ausdauer und erreichen sehr viel im Leben, sowohl im Materiellen als auch als Vorbild und als Leitende für andere.

Nicht selten kommen sie zu Aufgaben, die eine mächtige Strategie, großes Wissen und klare Vision verlangen. Sie finden schöpferische Ideen und Lösungen für manche Probleme. Durch ihre Intuition wissen sie oft wo, wie und wann sie handeln werden. Trotz alledem laufen sie manchmal Gefahr, die frühere Übersicht und die Idee des ursprünglich guten Planes zu vergessen und blind zu werden und sich so in einer Arbeit zu verlieren, dass sie alles andere vergessen. Deshalb sollten sie offen bleiben für alles und sich daran erinnern: sie sind mit dieser Meisterzahl für viele hier wichtig.

Da 4 + 4 acht ergibt, gilt für sie auch die Nummer 8.

Abschließend möchte ich noch erwähnen, dass alle Bücher der Numerologie sowohl eine Auslegung über die Geburtszahl als auch über den Namen der Menschen beinhalten. Da die Deutung der Namen - die in allen Büchern gleich ist - mir sehr schwierig und fast unmöglich vorkam (da es sich ja um viele verschiedene Sprachen handelt), habe ich sie weggelassen, sowie alle Wiederholungen. Und bei jeder Nummer habe ich nur den Hauptteil übersetzt. Das mexikanische Buch ist in sehr kurzen, knappen Sätzen geschrieben und daher war es leicht, es ebenso knapp zu übersetzen. Ich machte es gerne und hoffe, es ist Ihnen dienlich.

Mir war die Numerologie nur das Mittel, der Weg, um zu viel mehr zu kommen und alles das zu bedenken und folglich zu schreiben.

Das Buch endet mit den Worten:

„Also leben Sie gemäß ihrer Geburtszahl, sie ist ein wichtiger Teil von Ihnen."

Foto eines Freskos in der Kirche von St. Jakob in Urschalling in Deutschland

Foto einer Dreifaltigkeitsdarstellung im Museum des Stiftes St. Paul im Lavanttal in Kärnten

Zeitfracht Medien GmbH
Ferdinand-Jühlke-Straße 7
99095 Erfurt, Deutschland
produktsicherheit@kolibri360.de